Collection dirigée
par Catherine Lachenal

Direction artistique
Christophe Besse

pour Daniel, Camille, Iris et c. à v.
merci à Denise et à Éliane

guide des châteaux en île de france

Catherine Lachenal
et
Ludivine Clerc

Illustrations
Puig Rosado

Hachette Guides Bleus

CE QUE TU TROUVERAS DANS TON PETIT BLEU

Les promenades

Les Petits Bleus te proposent 7 promenades pour connaître les châteaux autour de Paris. Aucun n'est à plus de 80 km de Paris.

Tu peux donc les visiter en une journée de week-end ou de vacances.
Pour te distraire en voiture, les Petits Bleus te proposent des jeux que tu feras « sur la banquette arrière ».

Versailles

Vaux

Écouen

Pierrefonds

Chantilly

Malmaison

Fontainebleau

Moi, j'aime

C'est ton carnet personnel. Tu y trouveras les adresses de tout ce que tu aimes : les animaux, les jardins, la botanique, le sport, les chocolats...

Lire les signes

Pour t'aider dans tes promenades, les Petits Bleus ont imaginé des signes, des dessins, des abréviations.

Les voici tous :

	distance de Paris	……	réponds ou écris
	durée de la visite		dessine
	un petit conseil	salle	en gros, tous les arrêts de ta promenade
	point de départ de la promenade	▶	continue la visite

Les horaires de tes visites sont regroupés à la fin du livre, p. 125. N'oublie pas de téléphoner pour les vérifier, c'est plus prudent !

PROMENADES DANS L'ILE DE FRANCE DES CHÂTEAUX

La carte te montre les 7 châteaux que tu vas visiter. Il y en a des centaines d'autres autour de Paris.
Souvent, ils sont situés près d'une forêt car la chasse était un des passe-temps favoris des rois et des seigneurs qui les ont construits.

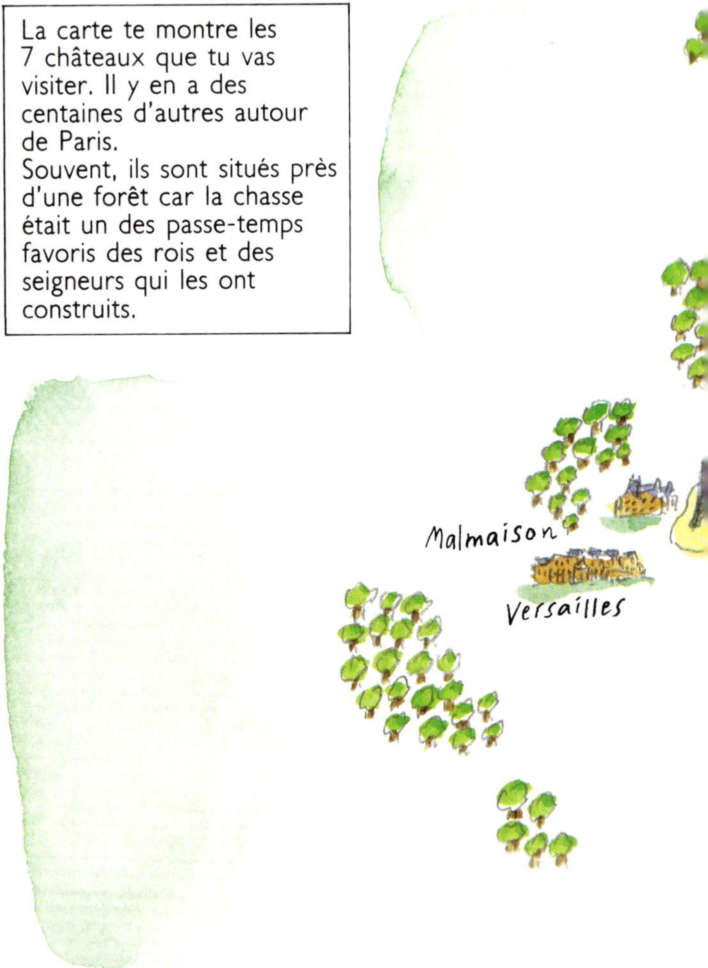

Pierrefonds
Chantilly
Ecouen
ARIS
Vaux-le-Vicomte
Fontainebleau

LES CHATEAUX A TRAVERS LES SIÈCLES

Tous ont connu de nombreux propriétaires qui, souvent, ont transformé, amélioré ou redécoré les lieux dans le goût de leur époque.
Par exemple, ne t'étonne pas de trouver des meubles Empire (Napoléon Ier) dans un château construit par François Ier au XVIe siècle ou des décorations du XIXe siècle (Napoléon III) dans un château du Moyen Age.

Moyen Age

Pierrefonds

Louis d'Orléans

Renaissance

Fontainebleau

François Ier

Renaissance

Chantilly

Anne de Montmorency

Renaissance

Écouen

Anne de Montmorency

XVIIe s.

Vaux-le-Vicomte

Fouquet

XVIIe s.

Versailles

Louis XIV

XVIIIe s.

Malmaison

Joséphine de Beauharnais

LES FORÊTS EN ILE DE FRANCE

La région autour de Paris est appelée Ile de France car elle est entourée de forêts et de rivières, comme une île. C'est grâce à la passion des rois pour la chasse que les forêts autour de Paris ont été si bien conservées. Les plus célèbres sont Rambouillet, Compiègne, Fontainebleau et Chantilly.
Tu peux t'y promener, y faire de la bicyclette ou monter à cheval. Suivant les saisons, tu pourras y ramasser des champignons, cueillir des mûres ou des noisettes, écouter les oiseaux ou observer les écureuils. On comprend que les rois de France aient choisi de construire leurs châteaux en Ile de France.

DES LIVRES ET DES FILMS

Documents

Le livre de l'Histoire de France, Cadet Gallimard Document.
Au Temps des Chevaliers et des Châteaux forts, Hachette Jeunesse.
Un festin au Moyen Age, Éd. du Sorbier.
Naissance d'une cathédrale, D. Macaulay, l'École des Loisirs.
Naissance d'un château fort, D. Macaulay, l'École des Loisirs.
François Ier, Hachette Junior.
Versailles au temps de Louis XIV, Nathan Poche.
Napoléon, Hachette Junior.
Napoléon, L. Bély, Éd. Ouest-France.
Le château de Fontainebleau, Serge le Tendre, Fabien Lacaf, Éd. de l'Arbre à Images.

Le livre des Costumes, Découverte Cadet Gallimard.
Le livre des Fleurs, Découverte Cadet Gallimard.
Mon Herbier, Marthe Seguin-Fontes, Gauthier Languereau.
Le Livre des Arbres, Découverte Cadet Gallimard.
Les Chevaux, Éd. Usborne.

Les Trois Mousquetaires, A. Dumas, CL. Abrégés de l'École des Loisirs.

Films

Le Masque de Fer, de Henri Decoin avec Jean Marais (1964).
Si Versailles m'était conté, de Sacha Guitry (1954).
Napoléon, d'Abel Gance.

LA GOURMANDISE EN ILE DE FRANCE

L'Ile de France a toujours été une région célèbre pour sa cuisine. Les rois et les princes avaient à leur cour des cuisiniers célèbres, comme le Suisse Vatel à Vaux-le-Vicomte et à Chantilly. Souvent le nom d'une ville est liée à une spécialité.

La moutarde de . . . . Meaux
Le brie de . . . . Melun
Le fromage blanc de . . . . Fontainebleau
Les poires de . . . . Provins
Le pithiviers de . . . . Pithiviers
Les échalotes de . . . . Étampes

Certaines villes organisent même des fêtes pour célébrer leurs produits. Connaissais-tu la fête des petits pois de Clamart, ou celle de la fraise à Bièvre ?

VERSAILLES : LE CHÂTEAU

Où tu découvriras une étiquette bien lourde, une frange de 40 kilos, des milliards en glace et un secrétaire à secrets.

23 km, autoroute A 13

une journée entière

entrée place d'Armes

évite d'y aller
le dimanche

Tél. : 39.50.58.32.

Sur la banquette arrière

Complète notre grille en répondant aux définitions
1 - Moyen de transport
2 - Période pendant laquelle quelqu'un a été roi
3 - La femme du roi
4 - Surnom de Louis XIV
5 - Accessoire de coquetterie
6 - Épouse secrète de Louis XIV
7 - Prénom du roi
8 - La monnaie du roi
9 - La façon de vivre à la cour
10 - Tissu précieux

V......
.E...
R....
S.....
...A.
..I......
L....
L....
.....E...
S...

Voiture
rEgne
Reine
Soleil
ruban
maIntenon
Louis
Louis
etiquEtte
Soie

Qui est-il ?

Louis XIV devient roi en 1643 ; il a 5 ans. Sa mère, Anne d'Autriche, aidée de Mazarin, gouverne pour lui. Mais à la mort du cardinal, en 1661, le jeune roi décide de régner seul. C'est-à-dire qu'il s'occupe de tout : guerres, conquêtes, justice, lois et grandes constructions. C'était un roi entreprenant et autoritaire, un roi absolu. On l'a surnommé le Roi-Soleil. Il aimait aussi beaucoup le théâtre, la musique, la poésie et la peinture. Molière, Racine, Charles Perrault, Lully et Le Brun ont travaillé pour lui. Il a eu 6 enfants avec la reine Marie-Thérèse. Il a aussi eu beaucoup d'amies ; celles qu'il préférait s'appelaient les favorites. A la mort de la reine, il épousa secrètement Madame de Maintenon.

Roi bâtisseur

Comme tous les hommes puissants, Louis XIV voulait construire et laisser derrière lui un monument que personne n'oublierait jamais.
Après avoir vu le château de Fouquet, à Vaux , Louis XIV engagea tous les artistes qui y avaient travaillé : l'architecte Le Vau, le peintre Le Brun, et le jardinier Le Nôtre.
Plus tard, l'architecte Hardouin-Mansart et le peintre Lemoyne achevèrent leur œuvre.
Ils transformèrent le petit pavillon de chasse du roi Louis XIII en un immense palais de marbre où Louis XIV s'installa avec toute sa cour en 1682.

Le plus grand

Tu vas entrer dans ce qui est considéré comme le plus beau château du monde. Il est aussi tellement grand, qu'il te faudra y revenir plusieurs fois pour bien le connaître.
Les Petits Bleus ont choisi de te montrer les endroits qu'ils ont préférés. Tu en traverseras d'autres, tu auras l'impression de marcher, de marcher dans de l'or et des couleurs. Il y aura sûrement beaucoup de monde pendant ta visite, des gens de tous les pays. Essaie de les imaginer en habit de velours et en perruque, comme au temps de la Cour Royale, quand 10 000 personnes y vivaient.

La visite

Tu pourras visiter **sans guide :** les grands appartements, la galerie des Glaces et l'appartement de la reine avec sa chambre à coucher. L'entrée se trouve dans la cour à droite.
Tu visiteras **avec un guide :** l'appartement du roi et l'Opéra Royal.
Ne t'étonne pas de trouver certaines salles fermées ou vides, Versailles est souvent en restauration.

I - VISITE SANS GUIDE

Chacun le sien

Les **Grands Appartements** sont une suite de salons qui servaient surtout aux réceptions, et à la vie publique des souverains. Ils portent des noms prestigieux : salon d'Hercule, salon de la Guerre, galerie des Glaces et salon de la Paix.
Le roi et la reine avaient chacun un appartement pour leur vie officielle, ils avaient aussi des « petits appartements » pour une vie plus intime. On peut les visiter, mais pas tous les jours. Renseigne-toi.

Appartement

Tous les lundis, mercredis et jeudis, de 6 h à 10 h du soir, le Roi offrait une réception. On y goûtait des mets délicieux, il y avait de la musique et on pouvait aussi danser et jouer.
On disait alors « il y a Appartement chez le Roi ».

Salon d'Hercule

C'est le plus grand salon du château. Le plafond mesure 315 m^2 environ, vingt fois celui de ta chambre ! Il représente Hercule, héros mythologique dont la force était légendaire.
François Lemoyne a mis trois ans pour le peindre puis il est mort d'épuisement. ▶

Salon de l'Abondance

Le symbole de Louis XIV est représenté deux fois dans ce salon. Trouve-le.
Les soirs d'Appartement, on y servait des boissons chaudes et froides.
Dans cette liste se sont glissées par erreur des boissons de notre époque : barre leurs noms.
Vin, chocolat, thé, eaux de fruits, soda, jus de fruits, eaux-de-vie. ▶

Réponse ① à la fin de la promenade.

5 dieux

Les 5 salons suivants portent le nom de 5 dieux. Traverse ceux de Vénus et de Diane et arrête-toi dans les salons de Mars, de Mercure et d'Apollon.

Salon de Mars

Mars est le dieu de la guerre, il est représenté sur son char tiré par des loups. Tu le vois ?
Les murs et les portières sont en damas cramoisi.
C'est ici qu'avaient lieu les concerts : les musiciens étaient installés sur des tribunes. ▶

Salon de Mercure

Mercure est le guide des dieux et des voyageurs. Arrête-toi devant la pendule à automate : à chaque heure, le Roi apparaissait.
Cette pièce servait de salle de jeux. ▶

Salon d'Apollon

Apollon est le dieu de la beauté.
Le grand trône d'argent de Louis XIV était placé dans ce salon. Son dossier mesurait 2 mètres 60, deux fois ta taille.
Tout le mobilier de ces salons était en argent mais, pour payer les guerres, le roi a dû le faire fondre. ▶

Salon de la Guerre

C'est le dernier salon des appartements du roi. Essaie d'y trouver 4 illustrations du thème de la guerre et les initiales du Roi.

....
....

Le bas-relief célèbre les conquêtes de Louis XIV : on le voit triomphant de ses ennemis. ▶

Galerie des Glaces

Cette galerie est la pièce la plus connue de Versailles. Elle mesure 75 mètres de long et 10 mètres de large. Combien de tes pas ?
.... en longueur
.... en largeur.
Elle est éclairée de 17 fenêtres, qui se reflètent dans 17 panneaux de glace. En tout, il y a 178 miroirs ! Le plafond est peint à la gloire des 17 premières années du règne de Louis XIV, de 1661 à 1678.

Soleil

Le décorateur Le Brun a pensé à tout. Le soleil se couche juste en face des fenêtres et des miroirs et se reflète dans l'or et le cristal de la galerie. Tu peux imaginer le spectacle lors d'une fête de la Cour ! Place-toi exactement au centre. Par la neuvième fenêtre, tu vois le grand canal au bout duquel se couche le soleil. C'est « l'axe du soleil », dédié au Roi-Soleil. ▶

Salon de la Paix

Le tableau au-dessus de la cheminée représente le Roi-Soleil donnant la paix à l'Europe.
Ce salon est le premier des appartements de la reine Marie-Thérèse, femme de Louis XIV.
C'est la pièce que nous avons préférée. Les soieries ont été retissées à Lyon sur le modèle ancien : des bouquets de fleurs, des rubans et des queues de paons très colorées. ▶

La chambre

Ici sont nés 19 enfants de rois. Une vieille tradition voulait que les reines accouchent en public. La foule des curieux restait derrière la balustrade pour regarder. De chaque côté du grand lit, de petites portes cachées par des tentures permettaient de gagner les appartements privés.
Il y avait deux sortes de mobilier. Celui d'été, recouvert de soie, et l'autre de velours pour l'hiver. ▶

2. VISITE GUIDÉE :
l'appartement du roi et l'Opéra
durée 1 h 30

Chez le roi

Curieusement, on y arrive par l'escalier de la Reine. Tous les jours, courtisans, visiteurs et gens du peuple se pressaient ici pour demander audience ou remettre une lettre au Roi. Il y avait de terribles bousculades.
Pense aux vêtements de l'époque qui étaient très larges et encombrants...

Brrr...

Au début, le Roi avait son appartement au nord et la Reine au sud. Le Roi avait si froid l'hiver qu'il décida de s'installer au centre du château. L'ancien appartement du Roi devint ainsi un appartement pour les amis.

Salle des gardes

400 gardes du corps veillaient à la sécurité de la famille royale et des habitants du palais.
Dans cette salle se tenaient les gardes du Roi.
Quelle est la décoration du haut des murs ?
des épées ?
des canons ?
des casques ?
des fusils ?
des chapeaux ?
Entoure la bonne réponse. ▶

Antichambre

La première antichambre servait à 2 choses.
Le lundi matin, on pouvait remettre là une lettre au Roi pour lui demander un service, du travail... on avait la réponse un mois après. Le château était ouvert à tous.
C'est là aussi que se tenait le Grand Couvert. En ce temps là, il n'y avait pas de salle à manger. Le Roi prenait ses repas dans sa chambre au Petit Couvert ou dans une antichambre, au Grand Couvert.

Grand Couvert

Le souper de la famille royale avait lieu à 10 h du soir devant une centaine de courtisans.
Un courtisan, c'est :
un homme petit
un homme pressé
un beau parleur
un homme vivant à la Cour.
Réponse ② à la fin de la promenade.

Tout le monde restait debout sauf les duchesses qui seules avaient le droit de s'asseoir. Il y avait 6 services de 10 plats : 60 mets différents mais tous dans de la vaisselle d'or.
Les cuisines étaient si éloignées qu'il fallait 20 minutes pour arriver à l'antichambre : on réchauffait les plats à l'arrivée. Il restait tant de nourriture après chaque repas que les serviteurs les revendaient à la population qui venait devant le château.
Le Roi était assis le dos à la cheminée et en face de lui, sur une tribune, des musiciens jouaient. On les connaît sous le nom de « Violons du Roi ». ▶

L'Œil de Bœuf

C'est la seconde antichambre. Les gentilshommes attendaient ici le lever du Roi.
On appelle œil-de-bœuf les fenêtres de forme ronde.
Essaie de trouver au moins 5 noms de fenêtres différentes. ▶

Réponse ③ à la fin de la promenad

La chambre

Elle mesure 100 m², soit environ la taille d'un appartement de 4 pièces aujourd'hui.
La restauration du lit avec son tissu de brocard a duré 20 ans. Il a fallu 40 kilos d'or et 10 kilos d'argent pour tisser les broderies.
Même quand le Roi n'était pas là, tous ceux qui passaient devaient saluer le lit, symbole de la majesté royale.
Quand il faisait froid, on couvrait les fenêtres de peaux de bête ou de gros rideaux, on superposait 3 matelas de laine, 3 couvertures et le Roi dormait en robe de chambre.

Petit Lever

Le Roi est réveillé à 8 heures du matin par son Premier Valet de chambre qui dort sur un petit lit à côté de lui.
Sa toilette est faite par le Premier Médecin et le Premier Chirurgien qui le frottent à l'alcool avec une serviette. A 8 heures 1/4, une dizaine de personnes entrent par l'antichambre de l'Œil-de-Bœuf. Ils sont conduits par le Premier Gentilhomme de la chambre. Lui seul a le droit de franchir la balustrade pour présenter l'eau bénite. Le Roi se lève, met sa robe de chambre et se fait raser.

Grand Lever

Une demi-heure plus tard commence le Grand Lever. D'autres personnes de « qualité » assistent au petit déjeuner et à la lente cérémonie du Roi qu'on habille. Chaque personne importante lui tend à tour de rôle un vêtement. Le Grand-Maître de la Garde-Robe lui donne son mouchoir, ses gants, sa canne et son chapeau.
Le soir, vers 11 heures, il fait les mêmes gestes à l'envers, Grand et Petit Coucher.

Le bougeoir

Chaque soir le Roi désigne le courtisan qui aura l'honneur de tenir le bougeoir pendant qu'il se déshabille.
L'Officier des gardes reçoit du Roi le mot de passe pour la nuit. C'était toujours le nom d'une ville du Royaume. ▶

Les chiens

A côté de la salle des jeux, n'oublie pas de regarder la **salle des chiens.** Le Roi aimait leur compagnie et leur donnait souvent des pâtes de fruits que conservait le Gouverneur des Petits Chiens du Roi. Chaque chien portait un collier d'argent sur lequel était gravé « je suis au Roi ». ▶

Cabinet du Conseil

Autour de cette table, le Roi réunissait ses ministres. Ils étaient assis sur des tabourets si peu stables qu'au moindre énervement ou geste brusque le ministre tombait par terre. Le Roi avait donc souvent raison !

Cabinets

C'est le nom qu'on donnait à l'époque aux petites pièces. Tu peux aller voir celui des secrets du Roi, ou celui de la pendule.
Ils ont souvent été transformés par les souverains après Louis XIV.

Secrets

Ce cabinet de travail servait à Louis XV. Seul le roi y avait accès. Regarde son grand bureau à secrets. L'ébéniste Riesener a mis 9 ans pour le construire. Une seule clef était prévue pour ouvrir et fermer tous les tiroirs.
Quelle clef ouvre cette serrure ? ▶
Réponse ④ à la fin de la promenade.

Bibliothèque

Il y en avait quatre dans le château. Dans celle-ci, observe bien le dossier des sièges. S'il est droit, c'est u « siège meublant » qui restait le long des murs. Donc pas pour s'asseoir. Si le dossier est arrondi, c'est un « siège volant » qu'on changeait de place pour s'asseoir confortablement. ▶

L'Opéra

En suivant la visite, tu vas découvrir la salle de spectacle de Versailles, construite pour le mariage de Louis XIV, en 1770. Il y a 100 kilos d'or dans la frange du rideau de scène ! Plus de 700 personnes pouvaient assister aux pièces de théâtre et aux opéras. L'Opéra servait aussi de salle de bal : les sièges étaient alors recouverts de planches.

Solutions

① Les eaux de fruits étaient les jus de fruits d'aujourd'hui, le soda est une boisson du 20e siècle.

② Le courtisan est un homme qui vit à la Cour.

③ Baie, vasistas, hublot, lucarne, bow-window.

④ C'est la 2e clef.

VERSAILLES : LES JARDINS

Où tu découvriras un Tapis vert, le bosquet de la salle de bal, des bateaux sur un canal et un dieu au bain.

une journée

devant le château ou à la porte du Grand Trianon

prends ta bicyclette et un carnet. Vas-y quand il y a des feuilles aux arbres, pour visiter le Potager du Roi, il faut prendre rendez-vous.

Tél. : 39.50.58.32

Sur la banquette arrière

Au temps du Roi Soleil, les jardiniers devaient changer les plantes en pot jusqu'à 15 fois par année, et plus de 150 000 plantes étaient mises en terre. Il y avait aussi une orangeraie immense dont le roi était très fier.
Dessine la plante qui poussera sous chaque arrosoir.

Deux bateaux seulement sont identiques, lesquels ?

Jardinier

Versailles est connu pour son château mais aussi pour ses jardins extraordinaires, chef-d'œuvre de deux jardiniers : Le Nôtre et La Quintinie. Au temps des rois déjà tout le monde pouvait s'y promener les jours autorisés.

Heureux du travail de son jardinier, Louis XIV lui dit : « Le Nôtre, je vous annoblis, quelles armoiries vous plairaient ? ». « Sire, j'ai déjà les miennes : ce sont 2 colimaçons couronnés d'une pomme de chou ».

Flotte

Le grand canal de Versailles est en forme de croix. Son pourtour est de 5 km. Le Roi y montrait les modèles réduits d'une véritable flotte. On pouvait s'y promener sur des corvettes, des yacks en modèle réduit, des chaloupes et même des gondoles, manœuvrées par de vrais gondoliers vénitiens. Leur vêtement étaient en damas et taffetas richement brodés. Ils étaient logés dans un village construit pour eux, la Petite Venise.
Tu peux louer une bicyclette pour faire le tour du canal. ▶

Le roi-guide

« Il faut s'arrêter sur le haut des degrés, pour considérer la situation des parterres, des pièces d'eau et des fontaines. »
Ainsi parle le Roi dans sa « manière de montrer les jardins de Versailles ». C'est un guide qu'il a écrit lui-même pour faire visiter son parc.

A pied

Lorsque tu te trouves sur les grands escaliers, qu'on appelait degrés, dirige-toi à gauche vers les Bosquets du Midi. C'est là que se situe le Bosquet de la salle de bal. Des danseurs, des danseuses, les « ballets », mais aussi le Roi et les courtisans dansaient au centre de ce petit théâtre en plein air les soirs de fête. Passe par le **bassin de Latone** (c'est la mère d'Apollon), et rejoins le **bassin de Neptune.** ▶

Le dieu au bain

Neptune était le dieu de la mer dans la mythologie. C'est aussi le plus grand bassin que Le Nôtre ait construit à Versailles. A droite de Neptune, assis sur un monstre marin, c'est l'Océan.
Les dimanches d'été, il y a Grandes Eaux. Ces jours-là, l'Océan, Neptune, et les 22 vases en plomb font jaillir 99 jets d'eau. ▶

Trianon

Pour pouvoir mener avec sa famille une vie plus calme, Louis XIV demanda à son architecte Le Vau de construire un petit château dans le parc : le Trianon de porcelaine. Mais, l'entretien du bâtiment coûtait si cher qu'on décida de remplacer la porcelaine par du marbre, beaucoup plus solide. Le Trianon de marbre appelé aujourd'hui **Grand Trianon** n'a qu'un seul étage.
Tu peux visiter l'intérieur et voir que les successeurs du Roi-Soleil, en particulier Napoléon, ont fait de nombreux aménagements. Aujourd'hui, lorsque des chefs d'État viennent en France, c'est souvent là qu'ils séjournent. ▶

Petit Trianon

Un peu plus loin dans le parc, **le Petit Trianon** a été construit pour l'arrière-petit-fils de Louis XIV, le roi Louis XV.
Il s'y retirait souvent pour étudier la botanique qui était sa passion. Il avait fait aménager aussi une ménagerie et des serres. Après lui, Marie-Antoinette, la femme de son fils Louis XVI, fera du Petit Trianon son endroit préféré avec le Hameau où elle menait une vie plus détendue, à l'écart de la Cour. Regarde par les fenêtres. Plus loin, tu découvriras des arbres qui ont plus de 100 ans. Pour ton herbier, récolte des feuilles de séquoia, de sophora et de tulipier. ▶

Glaces

Cette fois, il s'agit bien de glaces à déguster. Avant de prendre le chemin du retour, arrête-toi chez un fameux pâtissier de Versailles. Il se situe au 44, rue de la Paroisse, en face de l'église. Sa spécialité est le chocolat Adélaïde, du nom d'une des filles de Louis XV. Goûte aussi les pavés Louis XIV. Tout est délicieux.

LE CHÂTEAU DE VAUX-LE-VICOMTE

Où tu découvriras 8 géants, un roi jaloux, d'Artagnan et une énorme vieille carpe.

70 km, autoroute A 6

une journée entière

entrée du château

prends un chandail pour les sous-sols

Tél. : 60.66.97.11.

Sur la banquette arrière

L'écureuil est l'emblème de Fouquet. Sa devise était « jusqu'où montera-t-il ? ».

Relie l'animal à sa qualité.

malin comme un

rusé comme un

fier comme un

sale comme un

laid comme un

Le surintendant

C'est Nicolas Fouquet qui a fait construire le château de Vaux-le-Vicomte, en 1654. 18 000 ouvriers y ont travaillé pendant 5 ans, sous les ordres de 3 jeunes artistes ; l'architecte Le Vau, le peintre Le Brun, et le jardinier Le Nôtre, spécialement choisis par le surintendant Fouquet qui était responsable des finances de l'État et de l'argent du Royaume au début du règne de Louis XIV.

Fouquet possédait déjà d'autres maisons mais, fier de sa puissance, il rêvait d'une demeure royale. Grâce à sa charge, il réussit à trouver l'énorme quantité d'argent nécessaire à la construction de Vaux-le-Vicomte et de son parc.
Il avait le goût des belles choses et pour son château rien n'était trop beau.

L'architecte

Louis Le Vau a dessiné les plans du château.
Le bâtiment se dresse sur une terrasse carrée entourée de douves. En le voyant, le roi Louis XIV décida de faire mieux et encore plus grand : ce fut Versailles.
Cherche les deux erreurs dans cette phrase : « Vaux a été construit avec de la pierre, du béton, du grès, de l'ardoise et du bois. »
Réponse ① à la fin de la promenade.

Le peintre

Charles Le Brun a été chargé d'imaginer la décoration de l'intérieur. Il créa tout exprès un atelier de tapisserie pour les tentures et les portières. Il peignit les murs et les plafonds, mais dessina aussi des meubles, des statues et des portraits.

Le jardinier

André Le Nôtre a transformé la nature pour créer un parc comme une œuvre d'art. Il est le premier à organiser toutes les plantations en formes géométriques ; les buissons sont taillés en cônes et forment des arabesques et des broderies. Il ajoute des bassins, des jeux d'eaux, des cascades et des grottes. C'est ce qu'on appelle « un jardin à la française ». Ne manque pas le spectacle des jeux d'eaux (deux fois par mois les samedis d'été).

76 marches

8 géants de pierre t'accueillent à la grille. L'entrée est à droite, traverse les cours et monte les 76 marches du château. Les samedis soir, en été, tout est illuminé par plus de mille chandelles. Le château est immense. Nous n'allons pas te raconter toutes les pièces. Tu préféreras peut-être les dernières, garde donc un peu tes forces et n'oublie pas ton chandail pour les sous-sols. ▶

L'antichambre

C'est une petite pièce située près de la chambre principale et du cabinet de travail. Écoute la musique de l'époque, elle va t'accompagner pendant toute ta visite. Par terre, les tapis de joncs sont des copies de ceux que Fouquet avait choisis pour protéger les sols.

1

Louis XV

2

Au fil des siècles, chaque propriétaire du château y a installé des meubles à la mode de son temps. Certaines chambres du château portent le nom d'un style de mobilier.

Le style Louis XIV
Le style Louis XV
Le style Louis XVI

Mets les bons pieds à la bonne chaise. ▶

3

Réponse ② à la fin de la promenade.

Le grand lit à baldaquin de la **chambre de Mme Fouquet** n'était pas le sien : il est de l'époque de Louis XV. Les rideaux servaient à se protéger du froid car il n'y avait pas de chauffage central.

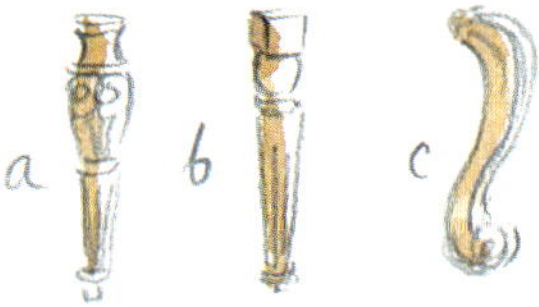

La toilette

Cette baignoire ressemble à une chaise longue fermée par un couvercle. Elle était remplie d'eau chaude parfumée. Parfois on y ajoutait du lait pour ne pas être vu par les visiteurs. ▶

Galerie Sommier

Aujourd'hui, les habitants de Vaux-le-Vicomte s'appellent Monsieur et Madame de Voguë. Leurs photos sont exposées dans cette pièce. Par la fenêtre, tu aperçois les anciennes douves et tu auras peut-être la chance de voir une énorme carpe. ▶

Salon des Muses

Une muse c'est :
un oiseau de proie ?
une déesse de la mythologie ?
un petit sac ?
ou un petit tabouret ?
Réponse ③ à la fin de la promenade.

Fouquet qui aimait tant les arts devait sûrement apprécier les 9 muses que Le Brun a peintes au plafond. Clio est au centre et représente l'histoire. Les 8 autres l'entourent. Elles portent toutes de beaux noms compliqués, venus de la mythologie grecque comme Euterpe pour la musique, ou Terpsichore pour la danse.
Sous ce magnifique plafond, Molière, invité par Fouquet, a joué une de ses pièces de théâtre. L'estrade est encore là. ▶

Ta visite continue. Parcours les salles, écoute les voix. Regarde les amis et ennemis de Fouquet. Nous te racontons ses mésaventures.

Remonte le temps

Tu es en 1661, le cardinal Mazarin vient de mourir, immensément riche. Jusque-là le roi Louis XIV était encore trop jeune pour régner, c'était donc Mazarin, aidé de son ami Colbert, qui avait le pouvoir. Il leur était facile de détourner l'argent de l'État.
Mais qui va succéder à Mazarin ? Est-ce Fouquet ? Est-ce Colbert ?
Non, ce sera Louis XIV qui, à 22 ans, décide de régner seul. Une enquête sur la richesse de Mazarin est ouverte. Colbert pour détourner les soupçons accuse Fouquet, et va même lui tendre un piège.

La fête

Louis XIV se fait inviter à Vaux-le-Vicomte pour admirer le château. Flatté, Fouquet organise une fête somptueuse : musique, théâtre, illuminations, vaisselle d'or... Rien n'était trop beau pour le roi. Sans se méfier, Fouquet apportait la preuve de sa « trop » grande richesse.
Le piège se referme, d'Artagnan reçoit l'ordre d'arrêter Fouquet.

Amis fidèles

Les amis que Fouquet avait jadis admirés et aidés, se portent à son secours. Madame de Sévigné écrit des lettres au Roi, Jean de la Fontaine fait des poèmes. Rien n'y fait, Fouquet reste en prison.
Au bout de 3 ans, il est jugé par un tribunal truqué et des documents falsifiés. Il sera condamné à la prison à perpétuité.

Mystère

20 ans plus tard, Fouquet meurt à Pignerol, dans la forteresse où était enfermé le Masque de Fer. Qui était ce prisonnier condamné à vivre masqué ?
Le fils du roi d'Angleterre ? un valet mystérieux ? ou le frère jumeau de Louis XIV
Le mystère restera entier pour toujours. Un livre passionnant d'Alexandre Dumas raconte cet épisode de l'Histoire. ▶

Rendez-vous aux **cuisines d château.**

Le cuisinier

Tu le sais, Fouquet faisait toujours appel aux plus grands artistes. Pour préparer les mets, il choisit le fameux cuisinier Vatel. Celui-ci dirigeait les cuisiniers, les marmitons, les pâtissiers, les préposés aux vins et aux fromages, toute une armée pour « la bouche ».

Les équipages

Tu peux imaginer combien de chevaux et de voitures à cheval il fallait pour transporter les habitants du château. Les écuries et les hangars étaient grands. Aujourd'hui, dans le **musée des équipages** sont présentées des voitures à cheval de toutes les époques.
Dans cette grille se cachent 5 noms d'équipages
Les retrouves-tu dans les salles ? ▶

Réponse ④ à la fin de la promenade

P	O	M	N	I	B	U	S	A
A	L	S	O	R	P	K	N	D
U	B	E	R	L	C	N	E	O
T	I	C	T	I	A	I	O	R
R	C	T	O	S	L	F	L	M
R	O	L	I	S	E	N	D	E
F	N	U	S	O	C	R	I	U
P	T	M	O	N	H	O	U	S
C	H	A	R	R	E	T	T	E

L'écureuil

A la sortie du château, les Petits Bleus se sont arrêtés deux fois.
Une fois pour manger un gâteau à « l'Écureuil » et une autre fois pour acheter des cadeaux à la boutique.

Solutions

① Vaux n'a ni béton ni métal dans sa construction.

② 3-b, 1-a, 2-c.

③ Une muse est une déesse de la mythologie grecque.

④ Dans la grille se cachent : calèche, berline, charrette, omnibus et dormeuse.

LE CHÂTEAU D'ÉCOUEN

Où tu découvriras une rapière qui coupe, un bateau de table, la Samaritaine sur une cheminée et qu'un château peut être une école.

20 km, autoroute A 1 puis N 16

une journée

entrée du parc

prends un carnet et un crayon

Tél. 39.90.04.04.

Sur la banquette arrière

Pour connaître l'époque de la construction d'Ecouen, décrypte ce mot mystérieux :

Au XVIe siècle, Anne était aussi un prénom d'homme. Cherche le plus grand nombre de prénoms pour garçon et fille.
Daniel Danièle
Michel . . . .

Un peu d'histoire

Le XVIe siècle est appelé la Renaissance. C'est la période de l'Histoire qui a suivi le Moyen Age. Elle a été marquée par une redécouverte des arts, des lettres et des sciences de l'Antiquité grecque et romaine.
La Renaissance se répandit dans toute l'Europe grâce à l'invention de l'imprimerie par Gutenberg et à la diffusion des livres.

Le château d'Anne

Ecouen a été construit par Anne de Montmorency, sur l'emplacement du château de ses ancêtres. Les travaux ont duré 17 ans, de 1538 à 1555.
Anne de Montmorency possédait beaucoup d'autres domaines dont celui de Chantilly. Il a été le conseiller de François Ier et de Henri II. Sa passion de bâtir était grande. Il a fait travailler des artistes de tous les pays : c'était un vrai mécène.
D'où vient l'expression :
être un mécène ?
être un cicéron ?
être un césar ?
Réponse ① à la fin de la promenade.

Napoléon

En 1806, Napoléon a décidé de faire d'Ecouen une maison d'éducation pour les jeunes filles dont les parents avaient la Légion d'Honneur. Tu as sûrement déjà vu des décorations. Voici leurs différents noms.

Musée

En 1962, l'école déménage et le château est transformé en musée de la Renaissance. Les objets que tu y verras viennent de l'Europe entière car les princes aimaient bien faire travailler les plus grands artistes de tous les pays.
En lisant les étiquettes, place 2 ou 3 objets dans leur pays d'origine.

Préférence

Il y a de nombreuses salles. Les Petits Bleus te montrent ce qu'ils ont préféré dans quelques salles. Toi aussi, tu peux faire un choix et l'indiquer à la fin de la promenade. Chaque paragraphe correspond à une nouvelle salle : au rez-de-chaussée, chacune est consacrée à un métier d'art.

Patience

Dans la **salle de l'Histoire du Château** sont présentées des pierres sculptées ayant appartenues à Ecouen.
Le même objet est exposé ici et dans la cour, cherche-le.

Réponse ② à la fin de la promenade.

Sur la table du centre, un tapis extraordinaire. Il a été brodé par les jeunes filles de la Légion d'Honneur : cette pièce était une de leur salle de classe. ▶
Traverse 4 salles jusqu'à celle de la **Petite Sculpture.**

Armes

Dans cette salle, tout est prévu pour le combat.
Regarde l'armure entière et trouve celle qui protège la tête du cheval.
Cette vitrine a des étiquettes. Hélas, les objets ne sont pas encore arrivés.
Dessine-les. ▶

Rapière Épée

Dague Stylet

Fourchette

La pièce est remplie de petits personnages sculptés. Tous datent du 16e siècle et viennent de pays différents. Trouve une cuillère et une fourchette en ivoire. Savais-tu que c'est à la Renaissance qu'est apparu la première fourchette ? On dit qu'elle a été inventée pour que le roi Henri II ne salisse pas sa belle collerette. ▶

Secrets

La **salle de la ferronnerie** te met dans le secret des secrets. Pour une fois, les coffres sont montrés ouverts pour que tu puisses voir le mécanisme. Fermés, on ne voit aucune serrure. Chaque coffre a son secret. On se servait beaucoup des coffres : comme valise, comme rangement, comme armoire. ▶

L'heure

Toutes les montres et pendules ici sont des bijoux uniques et précieux.
Cherche dans les vitrines les solutions de ces devinettes.
Quelle heure est-il à la montre étoile ? . . . .
Elle n'est pas étanche, fait penser à la mer . . . .
Fait aussi penser à la mer et au voyage, pourtant restait à table . . . . ▶

Atelier

A la Renaissance, l'orfèvrerie était un art très développé. Les seigneurs n'hésitaient pas à faire fabriquer leur vaisselle en argent, parfois même en or.
Le travail de l'orfèvre est compliqué et minutieux.
Regarde la finesse de ses outils.
A chaque matériau son métier d'art. Complète :

Métaux précieux	l'orfèvre
Bois	l'é. . . . .
Verre	le v. . . . .
Fil	le t. . . . .
Terre	le c. . . . .

Réponse ③ à la fin de la promenade.

▶ Monte au 1er **étage.**

Chambre

Dans tout le château, tu peux voir des cheminées peintes ou sculptées. Elles sont une particularité du décor de la Renaissance. Que reconnais-tu dans la scène du Connétable ?
une fête de village ?
une scène de chasse ?
un chasseur en paletot rouge ?
une cheminée ? ▶

Chaises

Les 2 chaises hautes dont les accoudoirs s'élargissent ont été prévues pour que les dames aux larges robes soient à l'aise. Elles ont un nom rigolo. Découvre-le en classant ces poules de la plus petite à la plus grande. ▶

Dentelle

Le travail des ébénistes de Renaissance est extraordinaire. Parfois le bois ressemble à de la dentelle par la finesse des découpes. La 8e lettre de l'alphabet se cache dans la porte . . . .
C'est l'initiale du Roi.
L'armoire de Clairvaux est très célèbre pour sa magnifique décoration sculptée. Qu'y trouve-t-on
Des fruits, des fleurs, un panier, un collier, un pantalon, une jupe et un chapeau ? ▶

Réponse ④ à la fin de la promenade

Tentures

Les dix grandes **tapisseries** racontent en 75 mètres, l'histoire de David et de sa femme Bethsabée, personnages de la Bible. Elles viennent de Bruxelles, comme beaucoup de tapisseries de cette époque (XVIe s.). Elles sont tissées avec des fils de laine et de soie et aussi des fils d'or. Parmi ces couleurs, entoure celles qui sont le plus souvent utlisées.

Les personnages sont habillés en costume de la Renaissance.
Essaie de dessiner le chapeau d'une des suivantes de Bethsabée. ▶

Céramique

Le pavement est fait de 75 grands carrés de faïence. Les carreaux proviennent de tout le château et ont été regroupés ici dans les appartements du Roi. Entourées par des fruits et des légumes, les initiales du connétable Anne de Montmorency et de Madeleine de Savoie, sa femme.
Lorsque le château était une école, c'était ici la salle de musique. Le piano était près de la cheminée.
Invente un dessin avec tes initiales.

Monte au **2e étage.** ▶

Verres

Relie le bon dessin au bon mot.
En soulier de vair, allons vers la galerie des verres pour chercher le cochon en verre vert.

Dans la **grande galerie** sont réunis les émaux, la céramique et la verrerie de l'Europe de la Renaissance.

Dans tous on peut boire.
Écris leurs noms.
V. . . . .
F. . . . .
H. . . . .
C. . . . .
B. . . . .
Ch. . . . .

Réponse ⑤ à la fin de la promenad

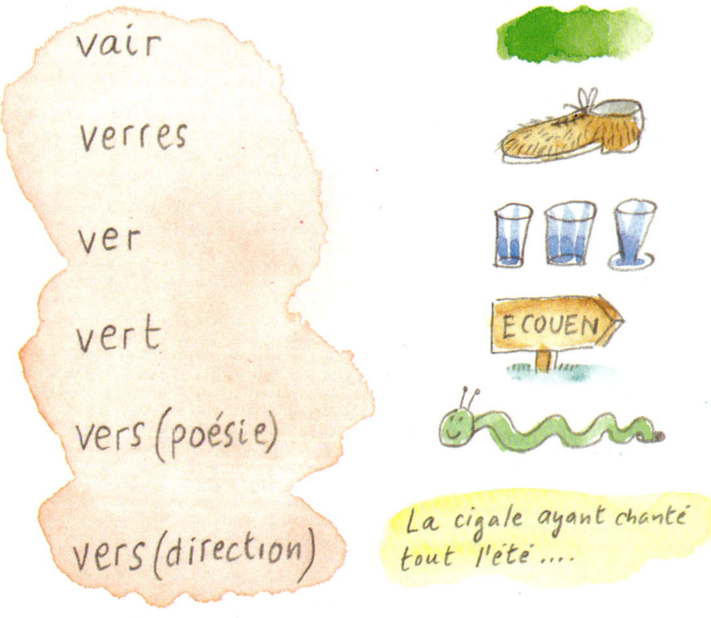

Mariage

Les coffres de mariages en bois sculptés étaient offerts par paire aux époux. Ils servaient à ranger le trousseau. C'est en Italie qu'on en a fabriqué le plus on les appelle des cassoni.

Une des histoires racontée sur un coffre est celle du cheval de Troie. Retrouve celui qui raconte celle d'Ulysse. Pour t'aider : sa femme Pénélope est assise devant son métier à tisser.

Solutions

① Être un mécène vient du nom d'un ami de l'empereur romain Auguste, Mécène, qui protégeait les artistes.
Être un cicéron vient du nom du personnage romain Cicéron qui faisait de beaux discours.
Être un césar, vient du nom du général des armées romaines, Jules César. Donc, c'est être un chef, être un conquérant, être victorieux.

② Le soleil sculpté dans la pierre. Les trous servent d'égout.

③ L'ébéniste travaille le bois
Le verrier le verre
Le tapissier le fil
Le céramiste la terre

④ Sur l'armoire de Clairvaux, il n'y a pas de pantalon, ni de chapeau.

⑤ Verre, flûte, hanap, coupe, bouteille, chope.

LE CHÂTEAU DE PIERREFONDS

Où tu découvriras un château de 5 000 kilos, un escalier où l'on se croise sans se voir, un mouchard utile et des mâchicoulis collants.

80 km, autoroute A 1 ou A 2

une journée entière

entrée du parc

prendre des jumelles
n'y va pas sans appeler le 16.44.42.80.77.

Sur la banquette arrière

Classe ces tours de la plus petite à la plus grande, pour découvrir le nom d'un système de défense des châteaux forts.

Au Moyen Age, l'armoire n'était pas encore inventée. On rangeait tout dans des coffres en bois décorés. Un seul n'est pas pour ranger :

jouets — thorax
fort — commode.
voiture

Réponses ① à la fin de la promenade

XIVe siècle

Louis d'Orléans, frère du roi, a fait construire le château de Pierrefonds en 1390, à la fin du Moyen Age. Pour montrer sa puissance militaire, il entretenait des dizaines de châteaux forts dans cette région qui s'appelait alors le comté de Valois. Pierrefonds était le plus important. Tu peux voir la statue de Louis d'Orléans à cheval dans la cour d'Honneur.

XVIIe siècle

Pour faire disparaître les signes du pouvoir militaire des seigneurs, le roi Louis XIII et Richelieu ont décidé de démanteler leurs châteaux, c'est-à-dire de les rendre inutilisables en faisant des trous dans les murs et les tours.

XIXe siècle

Deux siècles plus tard, l'empereur Napoléon III décide de faire reconstruire Pierrefonds. Il demande à l'architecte Viollet-le-Duc, passionné d'architecture médiévale, de se charger des travaux pour en faire un château de plaisance. Grâce à cette reconstruction, Pierrefonds est aujourd'hui le seul exemple de château fort complètement debout.

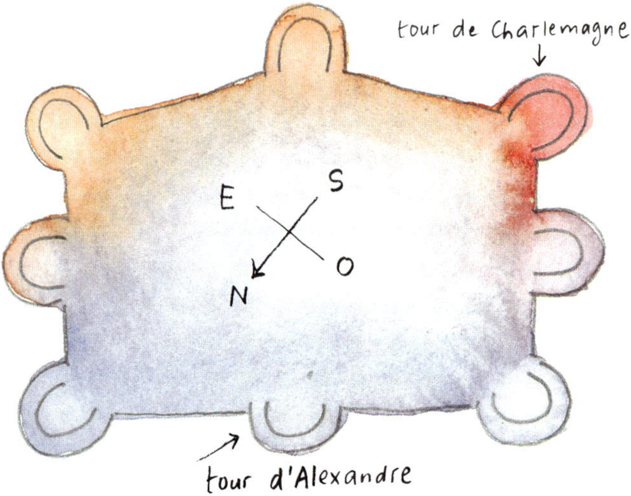

Pierrefonds

Le plan est de forme rectangulaire, avec un donjon et 8 tours qui portent chacune un nom de preux. En voici 2, pendant ta visite note les autres.

Réponse ② à la fin de la promenade.

Tout y est

Le château mesure 103 mètres de long et 88 mètres de large. Essaie de repérer sur ce dessin les éléments d'un château fort.

Un guide t'accompagne pendant une heure et t'explique l'histoire du château. Il y a 132 salles avec les caves, tu n'en verras que quelques-unes. Leur décor a été imaginé par Viollet-le-Duc pour que Napoléon III, sa famille et ses amis puissent y séjourner.

Porc-épic

Les premières salles du donjon sont celles de l'**appartement de l'Empereur.** L'architecte les a décorées de boiseries et de peintures murales.
En cherchant bien, retrouves-tu les emblèmes suivants ? ▶

Le mouchard

Dans le **chemin de ronde** couvert, tu es à nouveau au Moyen Age. Regarde par les fenêtres et par le mouchard. C'est lui qui permettait de surveiller le pont-levis et l'arrivée des ennemis. Plus loin, une rangée de mâchicoulis permettait de lancer des projectiles sur les attaquants tout en étant protégé. ▶

Preuses

La **salle des Preuses** a 60 mètres de long. Mesure sa largeur avec tes pas. . . . .
Cette salle avait été prévue pour être une salle de bal. Imagine le tourbillonnement des crinolines...
Mais l'Empereur et sa femme n'ont jamais habité le château : leur règne a pris fin en 1870 et les travaux ont duré jusqu'en 1885.
Au-dessus de la grande cheminée, les 9 statues représentent l'Impératrice Eugénie (au centre) et ses dames de compagnie en héroïnes du Moyen Age.

En petit

Prends le curieux escalier qui monte et qui descend en même temps. On l'appelle l'**escalier à double vis.** Il te conduit à la maquette en pierre du château, elle a été construite par l'assistant de Viollet-le-Duc. Elle pèse 5 000 kilos et te permet de comprendre le plan du bâtiment d'un seul coup d'œil.
Repère le chemin de ronde couvert, le pont-levis, le donjon, les créneaux, les fenêtres de guet.

S'asseoir

Parmi les siège de l'époque de Napoléon III, il y avait :
la conversation
l'indiscret
la borne.
Lequel est à Pierrefonds ? ▶

je n'ai rien à me mettre:
elles sont toutes rouillées...!!

Oubliettes

C'étaient des cachots souterrains dans lesquels on enfermait les prisonniers condamnés à perpétuité. Elles ne se visitent pas, mais le guide te montre sur un grand dessin quelle était leur organisation. ▶

Plus

Pour en savoir plus sur la vie au Moyen Age, ne manque pas l'exposition de bande dessinée au 1er étage. De grands panneaux de couleur te racontent les châteaux forts, les attaques, la vie des paysans et celle des châtelains. ▶

Mâchicoulis

Tu sais ce que cela veut dire maintenant. A Pierrefonds, tu peux acheter des caramels du même nom, c'est la spécialité du château.
Le parc est très agréable.

Tu peux y pique-niquer. Prends tes jumelles, pour bien voir les tours, les créneaux et les fenêtres de guet.
Pour finir, essaie de résoudre ce rébus.

Réponse ③ à la fin de la promenade.

Solutions

① • mâchicoulis
• En argot, le thorax est appelé coffre.

② La tour d'Arthur
d'Alexandre
de Godefroi de Bouillon
de Hector
de Charlemagne.

③ Pierrefonds.

LE CHÂTEAU DE CHANTILLY

Où tu découvriras : une Nonette inhabituelle, un grand homme qui était petit, une tortue sur laquelle on travaille et des chevaux dans un musée.

- 50 km, autoroute A l puis N l6
- une journée
- entrée du parc
- prends un crayon et un morceau de sucre

Tél. le château : 44.57.03.62 – les écuries : 44.57.13.13.

Sur la banquette arrière

L'eau sert à se protéger, se désaltérer, à guérir, à se nourrir, à bénir, à fournir de l'électricité.
Lequel est faux ?

Trouve trois villes qui portent le nom de produits laitiers.

Réponse ① à la fin de la promenade.

Un peu d'histoire

Avant d'être un château, Chantilly était une construction sur une île rocheuse entourée de forêts et d'étangs. Au fil des siècles, le bâtiment s'agrandit, devint une forteresse puis un château qui eut de nombreux propriétaires. Parmi eux :

1

2

les familles de Montmorency et les princes de Condé. Ils ont embelli et transformé le château et acheté beaucoup d'objets.
Un seul dessin est vraiment l'agrandissement d'une partie du château, lequel ?

Réponse ② à la fin de la promenade.

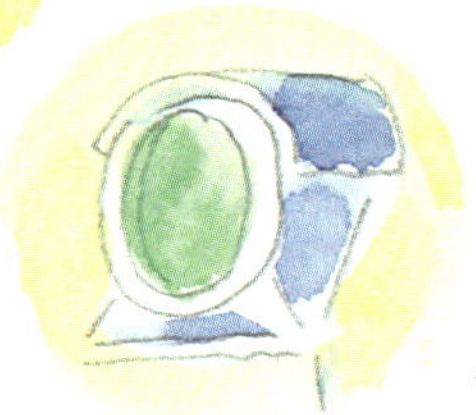

3

Qui sont-ils ?

A Chantilly, tu entendras souvent parler de trois personnages.

- Anne de Montmorency qui vécut au XVIe siècle. Il était conseiller du roi Henri II. Il possédait 130 châteaux et sa fortune était immense.
- Au XVIIe siècle, c'est Le Grand Condé (grand parce qu'il gagna la bataille de Rocroi mais il ne mesurait qu'1,56 m) qui a agrandi et transformé le parc et la forêt. Il créa les jeux d'eau des jardins.
- Au siècle dernier, le duc d'Aumale a donné à la France le château avec toutes ses collections d'objets d'art. On a pu créer ainsi le musée Condé.

4

5

Des gardiens

En arrivant par la forêt, tu vas être surpris par la grandeur du château.
Il est fait de deux parties : l'une, ancienne, le Petit Château d'Anne de Montmorency, l'autre moderne, le Grand Château du duc d'Aumale.
Repère-les bien.
Passe la grille et dirige-toi vers l'entrée.
Là deux chiens t'accueillent. Parmi ces dessins, reconnais celui qui est gravé sur leurs flancs : ce sont les armes de la famille Condé.

Des centaines

Le château est immense, il contient des centaines de tableaux et d'objets. Nous t'avons choisi plusieurs arrêts. Prépare ton crayon.

Le **musée Condé** se visite seul, les **appartements** avec un guide. Si un guide est prêt à partir va avec lui, sinon commence par le musée. Suis-nous.

A table

C'est autour de cette immense table que le duc d'Aumale, dernier propriétaire du château, recevait ses amis. Combien d'invités pouvaient s'asseoir ? Compte 60 cm par personne .... ▶
Rends-toi dans la **Galerie du Logis,** elle sent bon le bois. Dans une vitrine du couloir, repère la clef qui ouvre toutes les portes.
Écris son nom ici. ....
▶ Rendez-vous au **Cabinet des Gemmes.**
Cherche le portrait d'Anne de Montmorency.

Quel bijou !

On appelle gemmes les pierres précieuses. Les très grosses portent souvent le nom de leur propriétaire, cherche le Grand Condé. Est-ce une émeraude, un diamant, un rubis ou une perle ? ....
Il y a 60 ans, le Grand Condé a été volé. On le chercha très longtemps. Les voleurs l'avaient dissimulé dans une pomme.
Approche-toi des portraits miniatures, tu découvriras les visages de ceux qui ont habité à Chantilly. Nous avons bien aimé Adélaïde et l'œil du duc d'Aumale. ▶

Portraits

Au XVIe siècle, la photographie n'était pas encore inventée et tout le monde rêvait d'avoir son portrait peint par les grands artistes de la Cour. Dans **la galerie de Psyché** sont exposés des portraits faits par deux peintres d'origine flamande : les Clouet, le père et le fils qui ont beaucoup travaillé pour les rois de France et les princes. ▶

Tout petit

Approche-toi des miniatures éclatantes peintes par Fouquet au XVe siècle pour illustrer le Livre d'Heures d'Étienne Chevalier. C'est un livre qui contient les prières qu'on faisait chez soi, dans la journée. ▶

Écrivains

Le Grand Condé aimait inviter les écrivains dans son château : La Fontaine, Bossuet, Madame de Sévigné et Molière sont venus ici.
Dans la salle à Pans Coupés, tu verras le célèbre portrait que Mignard a fait de Molière.
Parmi ces pièces de théâtre laquelle n'est pas de Molière :
l'Avare - Don Juan - Le Cid - Tartuffe - Le Misanthrope.
Réponse ③ à la fin de la promenade.

Porcelaine

Au XVIIIe siècle, la manufacture de porcelaine de Chantilly était très célèbre. Une vitrine lui est consacrée. ▶

Les appartements se visitent avec un guide. Suis-le avec ton Petit Bleu.

Cabinet des livres

13 000 volumes sont rangés dans cette bibliothèque. Certains datent du Moyen Age. Un des plus fameux s'appelle les « Très riches Heures du duc de Berry ». C'est un livre de prières fait par les frères Limbourg, avec des dessins qu'on appelle enluminures. Ils nous renseignent sur Paris et la vie au Moyen Age. ▶

Pierres

Dans l'**antichambre,** tu regarderas attentivement le meuble minéralogique. Comme son nom l'indique, il servait à collectionner des minéraux. Peux-tu trouver le nom de ce qui est posé dessus ?
Demande au gardien ou lis l'étiquette. ▶

Lumière !

Au-dessus de toi, les lustres pèsent au moins 250 kilos. Leurs bougies se reflétaient dans le cristal de Baccarat. Cette fabrique de cristal existe encore aujourd'hui en Lorraine. ▶

Salon des Singes

Souvent, les décorateurs du XVIIIe siècle s'inspiraient des plantes et des animaux des pays d'Orient. On appelle ces peintures des singeries. Toute la pièce ici en est recouverte.
2 sièges rappellent la navigation. De quoi s'agit-il ?

. . . .

Toutes les pendules du château sonnent toujours à l'heure ! Les gardiens les remontent tous les 8 jours, comme le souhaitait le duc d'Aumale. ▶

Tortue

Avant de quitter les appartements, ne manque pas la dernière table. C'est en fait un bureau. Il a 300 ans et n'a jamais été restauré. C'est l'ébéniste Boulle qui l'a construit en écaille de tortue de mer et en cuivre.
A Paris, une fameuse école d'ébénisterie porte son nom : l'école Boulle. ▶

Enfants

La **chapelle** est divisée en deux. Dans une partie sont enterrés les princes de Condé, dans l'autre on dit la messe. Sur les vitraux, à gauche, les 5 fils d'Anne de Montmorency. A droite, 5 de ses filles. ▸

Petit creux ?

Pour te rendre aux **cuisines du château,** suis la flèche « La Capitainerie » et passe le pont-levis. Le cuisinier Vatel travaillait ici après le départ de Fouquet de Vaux-le-Vicomte. Un jour où Louis XIV venait dîner à Chantilly, il rata son repas... et de honte, il se suicida ! Aujourd'hui un restaurant et un salon de thé sont installés dans les cuisines. ▸

Changer d'air

Un **parc** magnifique et des étangs entourent le château. C'est là que coule la petite rivière au joli nom de Nonette. Au loin, tu aperçois le fameux champs de courses de Chantilly. Au-delà du parc, le matin tôt, on peut voir courir des centaines de chevaux à l'entraînement.

Jeux d'eau

Pendant ta promenade dans le parc, tu verras de petites maisons : **la Caboutière, le pavillon de Sylvie et le Hameau.** Il y a 200 ans, les princes du château cultivaient des plantes et élevaient des moutons pour apprendre l'agronomie et pour se distraire. C'étaient leurs « maisons de campagne ».
Admire la **cascade** à trois étages. ▶

Battue

S'il fait beau et que tu as faim, installe-toi dans les jardins, tu peux y pique-niquer. Ton dessert t'attend à la grille du château. Devine ?

Les plus belles

Près du château se situent les **Grandes Écuries.** Elles ont plus de 200 ans et plus de 240 chevaux pouvaient y vivre. Ce sont sans doute les plus belles du monde. L'intérieur est très bien conservé.
Aujourd'hui, elles abritent le **Musée vivant du cheval et du poney.**

Cheval de A à Z

C'est vraiment un musée passionnant. Dans plus de 20 salles, tu découvriras tout ce qui touche à la vie et au travail des chevaux : la nourriture, le pansage, le mors, les harnais, un atelier de sellier et même une collection de chevaux de bois.
Tu y verras aussi de vrais chevaux dans leurs boxes.
Ne rate pas la démonstration de dressage par le directeur Yves Bienaimé. C'est ici que tu auras besoin du morceau de sucre.

A deux

S'ils se connaissent bien, le cheval et l'homme peuvent faire beaucoup de choses ensemble : du cirque, des courses, des concours... L'exposition de la nef te l'explique clairement. Mets le bon cavalier sur le bon cheval. ▶

Porte-bonheur

Ne quitte pas Chantilly avant d'avoir goûté aux spécialités de « Marguerite » chocolatier, 75, rue du Connetable. Les Petits Bleus ont aimé le fer à cheval de 3 couleurs et les petits crottins en chocolat.

Solutions

① • L'eau ne nourrit pas.
• Fontainebleau - Chantilly - Pont-l'Évêque.

② Le dessin n° 3.

③ Le Cid est de Corneille.

LE CHÂTEAU DE MALMAISON

Où tu découvriras une impératrice musicienne, ses 500 robes, un gratte-langue et cent variétés de roses.

16 km O.

une demi-journée

entrée du parc

le château se visite en groupe. Reste un peu en arrière pour mieux voir.

Appelle le
47.49.20.07.

Sur la banquette arrière

Cette scène doit te permettre de trouver 5 mots commençant par un J comme Joséphine.

Avec les lettres de Napoléon, essaie de faire au moins 7 mots.
Exemple : pôle

Un peu d'histoire

Joséphine de Beauharnais avait déjà deux enfants, Hortense et Eugène, lorsqu'elle épousa Napoléon Bonaparte, en 1796. En l'absence de son mari, elle acheta pour 325 000 francs or, le château de Malmaison entouré de son immense domaine.
Furieux de devoir payer une telle somme, Bonaparte décida de faire une loi qui interdirait aux femmes d'acheter des biens sans l'accord de leur mari. Mais il aima beaucoup Malmaison.

Entre :

Le château se visite avec un guide. L'entrée est en forme de tente car Napoléon aimait se rappeler ses campagnes militaires. Dans le **vestibule,** tu feras immédiatement connaissance avec les bustes en marbre de la famille.

Les architectes

Pour transformer l'intérieur du château, Bonaparte engagea 2 architectes, Percier et Fontaine. Tout au long des travaux, ils ont tenu un journal où sont notés les plans, les dessins, les coûts des projets.

Les ébénistes

Lors de ta visite, tu entendras souvent les noms des Frères Jacob et de Jaco Desmalter. Ce sont eux, qu ont dessiné et fabriqué la plupart des meubles de Malmaison. ▸

Tric-Trac

Dans le **salon de jeu,** il y avait un grand billard et 4 tables de tric-trac, l'ancêtre du jaquet. Quels autres jeux utilisent des jetons ?

Réponse ① à la fin de la promenade.

Approche-toi du tissu encadré au mur. C'est une minuscule partie des 80 km de soie que Joséphine avait fait tisser pour le château. 80 km, c'est la distance de Paris à Chartres ! ▶

Sphynx

La pièce suivante est le **salon de Joséphine.** Son mobilier a été créé par les frères Jacob. Les fauteuils sont en bois d'acajou décorés de têtes de sphynx. Souvent tu retrouveras des motifs romains ou égyptiens dans la décoration, sur les accoudoirs des fauteuils, sur les pieds de table, sur les candélabres. Tout pour rappeler les campagnes de Napoléon en Égypte. Le métier à broder de Joséphine, lui aussi, est en acajou et bronze doré.

Harpe

Joséphine et sa fille Hortense aimaient tellement la musique qu'une pièce entière lui est consacrée dans le salon de musique, il y avait 7 pianos et la harpe de l'impératrice que tu vois au fond de la pièce. Cherche les deux meubles qui se trouvent encore ici aujourd'hui. L'aquarelle de 1812 t'aidera. ▶

Astucieux

Napoléon et Joséphine pouvaient recevoir 150 personnes à dîner. On faisait alors glisser les miroirs dans les murs. La **salle de billard, l'entrée et la salle à manger** se transformaient en une seule grande pièce. ▶

Les lois

La **salle du Conseil,** elle aussi ressemble à une tente. C'est ici que Napoléon a pris d'importantes décisions : par exemple la loi créant la Légion d'Honneur.
Regarde par la fenêtre pour voir le **saut du loup,** sorte de douve. Jamais il n'a contenu d'eau, il servait à éclairer les cuisines situées en sous-sol. ▶

Lire et travailler

Percier et Fontaine racontent dans leur journal que Napoléon leur avait donné 10 jours seulement pour construire la **bibliothèque.** 4 500 livres y étaient rangés.
Le grand bureau possède 3 tirettes sur lesquelles l'Empereur pouvait glisser les documents confidentiels et les faire ainsi disparaître rapidement. Demande au guide de te faire la démonstration.
Un escalier dérobé permettait à l'Empereur de rejoindre sa chambre sans être vu, ni entendu. ▶

Joséphine

Au 1er étage, dans le **salon,** tu peux voir le célèbre tableau de Joséphine assise sur son canapé.

Regarde sa coiffure, ses souliers, sa robe, c'était ça la mode Empire. ▶

Gourgouran

La **chambre de Napoléon** est tendue de gourgouran. Drôle de nom pour un tissu, en connais-tu d'autres ?

. . . .

. . . .

. . . .

Réponse ② à la fin de la promenade.

L'horloge « l'Oubli du temps » est très curieuse. C'est son cadran qui avance mais l'aiguille reste immobile. ▶

Quelle table

Rends-toi dans la **grande salle** devant la vitrine qui protège la table des maréchaux. Elle a été fabriquée à la manufacture de Sèvres. Le pied est en biscuit. Rien à voir avec les gâteaux. C'est de la porcelaine qui ne brille pas. L'empereur est au centre ; autour de lui, le portrait de ses 13 maréchaux.

Suis le guide. ▶

Gratte-langue

Dans la **chambre à coucher,** le grand lit sculpté de Joséphine porte ses initiales. Derrière toi, un nécessaire de toilette exceptionnel, fait de bois d'acajou et d'if. Il contient 44 objets différents. Il y en a en nacre, en écaille, en porcelaine, en cristal.
Retrouve la brosse à dents et surtout le gratte-langue. On pourra sûrement te l'indiquer.

500 robes

Le guide te conduira au **2e étage** pour voir les magnifiques robes de cour de l'Impératrice. Il y en a en tulle brodé d'argent, en velours, en satin.
Elle était très coquette et changeait de robe plusieurs fois par jour. Il paraît qu'elle possédait plus de 500 robes.
La mode était aux tissus légers et fins. Pour sortir, il fallait se couvrir d'épaisses capes ou de manteaux de fourrure ou de laine. ▶

100 roses

Promène-toi dans le **parc.** Tu pourras voir le fameux cèdre planté lors de la victoire de Marengo, le petit pavillon de travail de Napoléon et surtout la **roseraie** de Joséphine. Au début de l'été, elle est magnifique. Approche-toi pour respirer les parfums subtils des fleurs et note ici 5 noms de roses. L'une d'elles s'appelle Joséphine. Dessine-la et indique sa couleur. ▶

Dormeuse

Dans les anciennes écuries au fond du jardin, est installé le **Pavillon des voitures.** Elles portent des noms curieux, comme landau en berline ou dormeuse. Celle-ci pouvait se transformer à l'intérieur pour s'y allonger et dormir. ▶

Des milliers

Avant de sortir du parc, passe dans le **Pavillon Osiris** où sont conservés des milliers de souvenirs de Napoléon. Il y a là certainement la plus belle et la plus grande collection de tabatières.

Solutions

① Le jeu de dames - le jeu de go.

② Les tissus portent parfois de beaux noms comme : le damas - la faille - le brocard - le taffetas.

LE CHÂTEAU DE FONTAINEBLEAU

Où tu découvriras 4 géants en pierre, 4 chiens en bronze, 1 éléphant peint et des carpes bien vivantes.

65 km, autoroute A 6

une journée entière

entrée Cour du Cheval Blanc

emporte du pain et un crayon

attention, les caisses ferment à 11 h 45 et à 16 h 15.

Tél. 64.22.27.40

Sur la banquette arrière

Mets le bon chapeau à François Ier.

Maison des rois

Le château de Fontainebleau a été habité par les rois de France pendant 700 ans. Souviens-toi au moins de 4 noms : François Ier, Henri II, Henri IV et Napoléon Ier. Il y en a eu beaucoup d'autres qui, au fil des siècles, transformèrent le bâtiment en un immense palais. Chacun l'agrandit, y ajoute des ailes, des chapelles et des portes.

Connais-tu leur mari ?
Joséphine
Marie-Antoinette
Catherine de Médicis
Eugénie.

Réponse ① à la fin de la promenade.

Quel escalier !

C'est lui que tu verras le premier lors de ton arrivée dans la cour. Il a été construit par Jean du Cerceau en 1637.
Le nom de la place est **Cour du Cheval Blanc** car il y avait là une sculpture équestre. On l'appelle aussi Cour des Adieux. C'est ici qu'en 1814, l'empereur Napoléon Ier fit ses adieux aux soldats de la vieille garde. Il leur dit :
« Adieu mes enfants, je voudrais vous presser tous sur mon cœur... que j'embrasse au moins votre drapeau... » Puis on l'emmena en exil à l'île d'Elbe.
Monte les marches par la droite et redescends par la gauche, combien comptes-tu de degrés ?... ▶

A l'envers

Pour une fois, la visite commence par les jardins du château. Comme ça tu verras toi-même combien de styles différents et d'architectes se sont succédés dans ce palais. Dirige-toi vers la droite dans la cour. Où sont les géants ? ▶

Fontaine belle

Dans le jardin, près d'un grand marronnier coule la **fontaine** Bliaud ou Belle-Eau qui a donné son nom au château. Entre les pages de ton guide, glisse trois feuilles d'arbre différentes. Tu les identifieras chez toi avec un dictionnaire. ▶

Poissons

Le **grand étang** contient des carpes depuis le XVIIe siècle. Tu peux les nourrir de pain, elles adorent ça.
C'est Henri IV qui a eu l'idée de construire le pavillon au milieu de l'étang. Les rois et les reines y recevaient pour le goûter. Pour s'y rendre, on prenait une chaloupe ou une gondole. ▶

La meilleure

Fais le tour du **bassin rond,** de là tu as une vue exceptionnelle sur tout le palais et les jardins. Sans lever ton crayon, en un seul trait, essaye de faire un croquis des toits du palais. Regarde bien les fenêtres, les lucarnes, les toits, les portes et leurs décorations. Tu vois comme les parties du château sont différentes. ▶

Emblème

L'entrée d'honneur du château était la **Porte Dorée.**
Repère la salamandre qui est l'emblème de François Ier, un des rois constructeurs du château. Tu la trouveras très souvent lors de ta visite.
A la belle saison, les calèches partent d'ici pour faire le tour des jardins.

Carré, rond

Tu remarqueras que la forme carrée ou rectangulaire est la plus utilisée dans ces bâtiments. Et pourtant, il y a des éléments ronds.
Lesquels ? . . . .
Et combien ? . . . .
En sortant, tu verras, en face de toi, la **Cour Ovale** qui est la partie la plus ancienne du palais. ▶
Rendez-vous dans la **Cour de Diane.**

Chasse

C'est une cour tranquille bordée d'arbres. Au centre, la statue de Diane, déesse de la chasse, sûrement pour ne pas oublier que Fontainebleau était, au début, un pavillon de chasse dans la forêt.
De combien d'animaux est-elle entourée ? ....
Et que porte-t-elle en bandoulière ? ....

Prends les billets dans la **Cour du Cheval Blanc** et suis-nous à l'intérieur du palais. Nous n'avons choisi que quelques arrêts dans les appartements de François Ier car le palais est vraiment gigantesque. ▶

Aimer l'Italie

François Ier aimait beaucoup l'art italien. Pour décorer ses palais, il demanda à de nombreux artistes de venir en France pour sculpter, dessiner et peindre. Pour Fontainebleau, il commanda le décor au Rosso et au Primatice. Ces derniers introduisirent leurs techniques : le mélange de la fresque et du stuc, c'est-à-dire de la surface peinte et du volume de la sculpture.
Peindre à fresque, c'est peindre sur un mur dont la dernière couche est encore fraîche. En séchant, les couleurs s'imprègnent dans la paroi.
Le stuc est un mélange de plâtre et de colle forte qui forme une pâte qui imite le marbre.

Éléphant

Toute la **galerie François Ier** a été décorée par des artistes de la Renaissance italienne. A ta hauteur, tu verras des F dorés et des salamandres en l'honneur du roi. Plus haut, des figures en stuc entourent les fresques. Une de celles que nous avons aimées est l'éléphant blanc. Comment est décoré son front ? . . . .

Réponse ② à la fin de la promenade.

L'éléphant est le symbole de la sagesse et de la royauté. ▸

Danser

La **grande salle de bal** a été construite par Philibert Delorme. Il a choisi du bois de noyer pour le plafond et le parquet. Dessine la forme d'un des caissons du plafond puis regarde par terre. Quelle est l'astuce ? Partout, tu peux voir des initiales, il y a celles du roi Henri II, le fils de François Ier, celles de Catherine de Médicis, la reine et celles de Diane de Poitiers, l'amie du roi.

Ici, le décor a été réalisé par le Primatice et par Nicolo dell'Abbate, deux artistes italiens invités par François Ier.

128

Cent vingt-huit assiettes faites à la Manufacture de Sèvres ont été encastrées dans les parois de ces pièces. Elles n'ont jamais servi à table. Les décors représentent des vues du château, des jardins et des pays lointains. A gauche, en sortant, reconnaîtras-tu un paysage célèbre des États-Unis ....

Réponse ③ à la fin de la promenade.

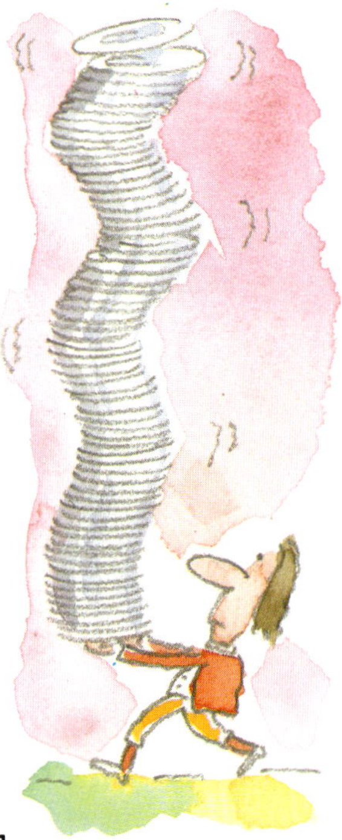

Assez

Au-delà des salles de la Renaissance se situent beaucoup d'autres salles avec des meubles de toutes les époques.
Pour te rendre à la sortie, tu les traverseras.
Tu verras une pendule avec un char tiré par des chevaux dorés; une immense mappemonde faite pour Napoléon Ier et plus loin le trône de l'empereur.

1800

Tu ne pourras évidemment pas voir les 1 800 pièces du palais. Mais un guide te montreras encore les bains de vapeur de François Ier d'où il pouvait contempler la Joconde de Léonard de Vinci et d'autres tableaux qu'il collectionnait. Aujourd'hui, la plupart sont au Musée du Louvre à Paris. ▶

Passionnés

Ceux qui se passionnent pour la vie de Napoléon, pourront aller voir le **musée** qui lui est consacré. On y voit sa tente de campagne, ses objets familiers et ceux de sa famille. ▶

Le palais

Une fois sortis du château, nous avons repéré, rue Grande, une pâtisserie excellente « Au délice impérial ». Tu y trouveras leurs spécialités comme la mousse à la framboise, le soufflé aux poires et surtout le « palais », délicieuse mousse au chocolat.

Promenade

La **forêt de Fontainebleau** est toute proche. Les promenades sont nombreuses. Savais-tu que les alpinistes s'entraînent sur les rochers des Trois Pignons ?

Tu peux aussi ramasser des cèpes, en octobre, des framboises en août et observer les écureuils. Notre circuit préféré est celui des Gorges de

Franchard et du Rocher des Demoiselles.

Près de **Milly-la-Forêt,** caché dans les arbres, les artistes Nikki de Saint Phalle et Jean Tinguely sont en train de construire une œuvre gigantesque : un monstre dans la forêt. Essaye de le trouver, ça te passionnera surtout si tu les vois travailler.

Cueillette

Sur la route du retour, tu pourras t'arrêter dans les vergers et cueillir, toi-même, des asperges, des haricots, des fraises. Comme si c'était ton jardin... sauf qu'il faut passer à la caisse.

Solutions

① Le chapeau b.
L'époque de François Ier est appelée Renaissance.
Napoléon, Louis XVI, François Ier et Napoléon III.

② Le front de l'éléphant est décoré par une salamandre.

③ Les chutes du Niagara.

MOI, J'AIME

les animaux

- du Parc de Saint Vrain
91770 St Vrain

- du Parc de Thoiry
78770 Thoiry
Tél. : 34.87.40.67

- du Parc de Sauvage
78120 Emancé
réserve d'oiseaux.

- de la Bergerie de
Rambouillet

L'eau

- Saint-Quentin-en-Yvelines
route Nationale 12
78190 Trappes à 30 km de
Paris

- Parc du Port aux Cerises
rue Port aux Cerises
Draveil à 20 km au nord
de Paris

Les bateaux

- Vedettes du Val de Seine
5, quai du Loing
77670 à Mammès
une croisière de quelques
jours.

- Croisière du Val d'Oise
Tél. : 34.43.32.48

- Musée de la Batellerie
3, place Gévelot
78700 Conflans-Ste-
Honorine
Tél. : 39.72.58.05

les péniches, la vie des
bateliers.

La bicyclette

Location de bicyclettes :

- à la gare de Fontainebleau
Tél. : 62.22.39.82

- à la gare de Chantilly
Tél. : 44.57.00.77

- dans la forêt de
St-Germain-en-Laye
Tél. : 47.66.55.92

- location Verte à la grille de Trianon et à côté du Grand Canal à Versailles.

Musée de la voiture et de la locomotion

- Château de Compiègne
Tél. : 44.40.04.37
les ancêtres de la bicyclette.

Les chevaux

- Club Louis XIV
2, place Louis-XIV
78100 St Germain en Laye
Tél. 34.51.19.35

- École d'Équitation
29, rue de l'Arbre-Sec
77300 Fontainebleau
Tél. : 64.22.31.55 (il faut réserver).

- Centre Hippique de Parly II
61, Bd St-Antoine
78150 Le Chesnais
Tél. : 39.55.05.05

Les attelages

- en charrette avec un âne :
Camping de la Montagne
60138 Chiry Ourscamps
Tél. : 44.76.98.29
(réserver quelques jours avant).

- en chariot attelé avec cheval
Clermotel
route N 31 Agnets
60600 Clermont sur Oise
Tél. : 44.50.09.90

- Musée des Équipages dans le château de Vaux-le-Vicomte
Tél. : 60.66.97.09

- Musée Vivant du Cheval dans les Grandes Écuries de Chantilly
Tél. : 44.57.13.13

Les parcs d'attraction

- Mirapolis
Cergy-Pontoise
Tél. : 34.42.20.00
70 francs par journée.

- Mer de Sable
Ermenonville
Tél. : 44.57.00.96
14 francs par personne.

- Vallée d'Astérix
Pailly près de Chantilly

- et bientôt
Disneyland
Marne-la-Vallée

- Les Étangs de Cergy-Neuville
29, rue des Étangs
95000 Cergy

Les jardins, les arbres et les fleurs

• Giverny
le jardin merveilleux du peintre Claude Monet près de Vétheuil
Tél. : 32.51.28.21

• Musée de la Rose
2, rue Jean-Jaurès
L'Haÿ-les-Roses

• Arboretum de Chèvreloup
30, route de Versailles
Roquencourt

• Pour acheter tes graines et tes plantes : une immense pépinière, Thuilleaux
44, rue Vindé
La Celle-St-Cloud

• Cueillir des fraises, des haricots dans les vergers autour de Milly-la-Forêt.

• Parc Jean-Jacques-Rousseau
route de Versailles
Ermenonville
où les buissons racontent des histoires

Les musées rigolos

- Musée du pain
25 bis, rue Victor-Hugo
Charenton
Tél. : 43.68.43.60

- Musée du Jouet
2, Enclos de l'Abbaye
78300 Poissy
Tél. : 39.65.06.06

- Musée Rambolitrain
4, place Jeanne-d'Arc
78120 Rambouillet
Tél. : 34.83.15.93

- Musée de la figurine
Hôtel de Ville
Compiègne
Tél. : 44.40.26.00

- Fondation Cartier
Jouy-en-Josas
Tél. : 39.56.46.46
des expositions d'art contemporain dans un parc magnifique.

Et encore des châteaux

- Montecristo
construit par Alexandre Dumas
près de St-Germain-en-Laye
Tél. : 39.58.48.98

- Gros-Bois
près de Boissy-St-Léger
Tél. : 45.69.03.47

- Sceaux
Tél. : 46.61.06.71
un musée qui raconte les châteaux en Ile-de-France.

- Saint-Germain-en-Laye
Tél. : 34.51.53.65
à ne pas manquer : le Musée des Antiquités nationales pour ceux qui aiment la préhistoire et les Gaulois.

LES HEURES DE TES VISITES

Versailles

Tél. : 39.50.58.32
fermé le mardi
visites guidées et libres
gratuit jusqu'à 13 ans.

Chantilly

Tél. : 16.44.57.03.62
fermé le mardi
environ 7 F.

Vaux-le-Vicomte

Tél. : 60.66.97.09
pas de fermeture
32 F à partir de 12 ans.

Malmaison

Tél. : 47.49.20.07
fermé le mardi
gratuit pour les moins de 18 ans
visite guidée dans le château
visite libre : Pavillon des Voitures, jardins, Pavillon d'Osiris.

Ecouen

Tél. : 39.90.04.04
fermé le mardi et jours fériés
1er étage ouvert l'après-midi
rez-de-chaussée ouvert le matin
gratuit moins de 18 ans.

Pierrefonds

Tél. : 16.44.42.80.77
fermé le mardi
3 F par enfant.

Fontainebleau

Tél. : 64.22.27.40
fermé le mardi
gratuit moins de 18 ans.

COMMENT EST FABRIQUÉ TON PETIT BLEU

Le début d'un livre, c'est :

une idée qu'apporte une personne : **Catherine Lachenal**

une éditrice qui organise le travail de tous : **Françoise Vibert-Guigue**

des auteurs qui ont fait les visites pour toi et qui écrivent le livre : **Catherine Lachenal** et **Ludivine Clerc**

un illustrateur qui fait les dessins : **Puig Rosado**

une maquettiste qui met les textes et les dessins en place : **Irène de Moucheron**

un directeur artistique qui a l'œil à tout : **Christophe Besse**

un imprimeur qui imprime les textes et les images sur de grandes feuilles

un brocheur qui assemble ces feuilles, les coupe, les colle, les coud

un distributeur qui livre les Petits Bleus dans toutes les librairies de France

et enfin un acheteur...

imprimeur
distributeur
brocheur
catherine
Françoise
Fernando
Christophe
Irène

AU FIL DES PAGES

Imprimé en France par Aubin-Imprimeur
Dépôt légal n° 6900-03-1988 - N° d'éditeur : 7892
Imprimeur n° P 26799
ISBN 2.01.013027.8
24.06.1289.01